Inhalt

Digitales Customer Experience Management - oder die spannende Frage: Wie macht man aus Kunden Fans?

Kernthesen

Beitrag

Fallbeispiele

Weiterführende Literatur

Impressum

Digitales Customer Experience Management - oder die spannende Frage: Wie macht man aus Kunden Fans?

Harald Reil

Kernthesen

- Virtuelles Customer Experience Management (CEM) instrumentalisiert über moderne I&K-Technologien ein altbewährtes Propagandamittel - den Flurfunk.
- Mithilfe von Data Mining, der Etablierung von Kundenmustern und der Erfindung

ingeniöser Weiterempfehlungstechniken stacheln Unternehmen gezielt die Mundpropaganda an.
- Allerdings steckt CEM noch in den Kinderschuhen, in den USA arbeiten laut einer Umfrage erst 16 Prozent der Firmen damit, in Deutschland dürfte die Situation kaum besser sein.
- Unternehmen wie Pay with a Tweet, Kelloggs und AmericanExpress setzen auf Twitter zur Verbreitung von Mundpropaganda

Beitrag

Krieg der Welten

Wie schaffe ich es, aus zufriedenen Kunden treue Käufer zu machen und aus treuen Käufern Kunden, die die Vorzüge der Marke mit Begeisterung in die Welt hinausposaunen? Das ist die Aufgabe, die sich Marketers jeden Tag aufs Neue stellt. Vor der Erfindung der modernen I&K-Technologien setzten findige Geschäftsleute auf die Qualität ihrer Produkte, gaben mal mehr oder weniger Geld für Werbung aus und hofften insgeheim auf die Macht der Mundpropaganda. Heute ist das zwar im Grunde nicht anders; nur, dass sich im Zeitalter der Social Media auch die Mundpropaganda automatisiert steuern und vor den Karren einer erfolgreichen Geschäftspolitik spannen lässt. Customer Experience Management (CEM) heißt das im schönsten Marketingjargon und bedeutet im digitalen Zeitalter nichts anderes als die Lenkung der Massenmeinung mithilfe von Data Mining und der damit zusammenhängenden Aufdeckung bestimmter Kundenmuster oder ingeniösen Weiterempfehlungstechniken - eine Entwicklung, die Fachleute für den wichtigsten CEM-Trend der nächsten Jahre halten. Ganz so reibungslos, wie es Marketers gerne hätten, funktioniert das digitale Customer Experience Management aber nicht. Genauso wie in Orwells Roman 1984 gibt es auch in der realen modernen Welt Widerständler, die sich der Kontrolle entziehen und gegen den Big Brother opponieren, wann immer sie Lust, Laune oder Gründe dafür haben. So entpuppt sich das Internet mehr und mehr als ein Krieg der Welten: Customer Experience Manager kämpfen gegen Shitstorm-Raiser - ein Neusprech-Satz, der vor 20 Jahren unverständlich gewesen wäre. (1), (2), (3)

Noch keine Erfolgsstory

Um keine Missverständnisse aufkommen zu lassen:

Noch hat Social CRM, wie das technologiegestützte Customer Experience Management ebenfalls bezeichnet wird, keine Erfolgsstory geschrieben. Fachleute des in Burlington, Massachusetts, ansässigen Beratungsunternehmens Awareness Inc., eines Spezialisten für Social Media Management, haben im Herbst letzten Jahres bei einer Umfrage festgestellt, dass noch kaum eine US-amerikanische Firma die modernen Kommunikationstechnologien nutzt, um die Customer Experience für ihre Zwecke einzuspannen. In Zahlen ausgedrückt, heißt das Folgendes: Nur 16 Prozent der untersuchten Unternehmen setzen Social CRM tatsächlich ein, 17 Prozent können mit dem Begriff nicht einmal etwas anfangen. In Deutschland dürfte sich die Situation kaum anders darstellen. Dabei könnte Customer Experience Management dabei helfen, die durch das Internet aus ihrer Unmündigkeit befreiten Verbraucher wieder mehr auf Linie zu bringen und auf die Firma, ihre Produkte oder Dienstleistungen einzuschwören. Im Idealfall gleicht das Ganze einem Schneeballeffekt. Geschicktes CEM macht immer mehr Kunden zu Fans, welche neue Fans rekrutieren, die wiederum Fans generieren, welche noch mehr Fans erzeugen usw. (2)

Der Weg in die Zukunft

Wenn also CEM auch noch in den Kinderschuhen steckt, so gibt es doch schon eine ganze Reihe vielversprechender Ansätze, die den Weg in die Zukunft weisen. Pay with a Tweet beispielsweise hat ein Geschäftsmodell entwickelt, das voll und ganz auf die positive Wirkung positiver Nachrichten setzt. Es stellt Online-Unternehmen einen Pay-with-a-Tweet-Button zur Verfügung, den diese auf ihrer Website integrieren dürfen. Klickt ein Käufer darauf, setzt er eine Kettenreaktion in Gang. Auf Facebook und Twitter erscheint ein vom Verkäufer verfasster Text, eine URL verlinkt auf das Produkt, der Download einer hinterlegten Datei beginnt. Kelloggs baut auf eine Variante dieser Weiterempfehlungstechniken, und auch AmericanExpress vertraut auf die Macht von Twitter. Der Cornflakes-Produzent hat in London einen Laden eingerichtet, in dem Kunden mit Tweets einkaufen und sich über Twitter zu Kelloggs und seinen Produkten bekennen können. Eine Twitter-Wand bildet die Lobeshymnen auf das Unternehmen in Echtzeit ab. AmericanExpress verkauft über Twitter Produkte, die es mit Hashtags kennzeichnet. Ein Käufer, der einen bestimmten Hashtag und einen weiteren Bestätigungstag twittert, bekommt nicht nur das Produkt per Post an seine hinterlegte Lieferadresse geschickt, sondern er empfiehlt die Ware zur gleichen Zeit auch seinen Followern weiter - der Schachzug ist einfach, aber genial. (5)

Trends

Tue Gutes und lass andere darüber reden

Es ist tatsächlich davon auszugehen, dass sich Customer Experience Management zu dem Megatrend entwickeln wird, den Experten vorhersagen. Der Grund ist offensichtlich: Das Internet hat den Unternehmen die Herrschaft über die eigenen Marken weitgehend aus der Hand genommen. Der mündige Verbraucher nutzt die Freiheit des Netzes, um seine Meinung über Produkte oder Waren öffentlich und ohne ein Blatt vor den Mund zu nehmen kundzutun. Steuern lassen sich diese Äußerungen nicht. Im schlimmsten Falle kommt es sogar zu so genannten Shitstorms, die Unternehmen in den Ruin treiben können. Was liegt angesichts dieser Situation näher, als zu versuchen, sich zum Herren über die Massenmeinung aufzuschwingen und sie für die eigenen Zwecke einzuspannen? Genau diese Strategie verfolgt cleveres CEM. Mithilfe der modernen Kommunikationstechnologien lassen sich Verbraucher lenken. Das mag schwierig sein, unmöglich ist es nicht. Unternehmen, die es schaffen, dass ihre Kunden positiv über sie sprechen und die mit dieser frohen Botschaft andere anstecken, haben im Kampf um die öffentliche Meinung auf jeden Fall die Nase vorn. Klar ist aber auch, dass es schwieriger als früher sein wird, mit schlechten Leistungen Kasse zu machen. Grundlage eines guten Rufes werden noch mehr als früher gute Leistungen sein. (2)

Fallbeispiele

Big Buy baut auf Twitter-CEM

Die Firma Big Buy nutzt Twitter für ihr CEM. Die Idee ist verblüffend einfach, wenig aufwendig und noch dazu günstig. Die Elektronikkette aus den USA lädt ihre Kunden dazu ein, über die Social-Media-Plattform Fragen zu stellen, die sie interessieren. Big-Buy-Angestellte, die die passende Antwort darauf haben, schreiben den Fragestellern zurück. Das Unternehmen baut auf diese Weise einen Online-Fundus mit den wichtigsten Fragen und Antworten auf, weiß so genau, wo ihren Kunden der Schuh drückt und wie sich Abhilfe schaffen lässt. (1)

Big Brother is Watching You

Ein anderes gelungenes CEM-Beispiel liefert das

Modehaus Zara, das im Gegensatz zu Konkurrenten wie H&M oder GAP ohne Eigenwerbung auskommt. Stattdessen vertraut das spanische Modeunternehmen auf die Qualität seiner Produkte und den Flurfunk zufriedener Kundinnen. In der Zara-Zentrale im spanischen Finisterre spielt daher auch Big Brother die wichtigste Rolle. Dahinter verbergen sich sogenannte Agentinnen, die über die aktuellen Verkaufszahlen und daher auch über die aktuellen Modetrends rund um den Globus genauestens im Bilde sind. Basierend auf diesen und anderen Infos - zum Beispiel Trends, die sich auf internationalen Modeschauen abzeichnen - werkeln hauseigene Designer an neuen Kollektionen, die in Prototypen münden. Diese werden umgehend den Verantwortlichen für bestimmte Länder zugestellt, die den Daumen entweder nach oben heben oder ihn senken. Findet das neue Kleidungsstück Gefallen, geht es in Produktion. (6)

Big Player: Salesforce.com ist der Platzhirsch in Sachen CEM-Software-Lösungen

Salesforce.com ist der unangefochtene Platzhirsch in Sachen Software-Lösungen für Customer Experience Management. Das Unternehmen hat auf Expansion gesetzt und will in Europa 750 neue Arbeitsplätze aus dem Boden stampfen. Mit Salesforce Radian6 haben die US-Amerikaner eine CEM-Plattform entwickelt, die in der Branche als State-of-the-Art gilt. Hinter Salesforce hat sich Oracle auf dem zweiten Platz festgesetzt, ein deutliches Zeichen dafür, wie wichtig das Unternehmen die neuen Entwicklungen nimmt; der deutsche Software-Gigant SAP ist in punkto CEM-Lösungen dagegen noch nicht besonders in Erscheinung getreten; allerdings hört man, dass die Baden-Württemberger sich mit dem Thema schon bald intensiver auseinandersetzen wollen. (4)

Big Loser: Schlechtes CEM-Zeugnis für amerikanische Krankenversicherer

Die Temkin Group, weltweit eines der führenden Beratungs- und Forschungsunternehmen zum Thema Customer Experience Management, hat TriCare and Kaiser Permanente zu den Krankenversicherern gekürt, die das beste CEM-System implementiert haben. Insgesamt stellte Temkin den US-amerikanischen Krankenversicherern allerdings ein miserables Zeugnis aus. Von 19 untersuchten Branchen schnitten nur die amerikanischen Anbieter von Fernsehservices schlechter ab. Grundlage der

Studie waren die Angaben von 10 000 US-amerikanischen Verbrauchern. (7)

Big Winner in der Sparte Fluggesellschaften: Southwest Airlines

In derselben Studie schnitten die Southwest und die Alaska Airlines als die großen Gewinner in der Sparte Fluggesellschaften ab. Schlusslicht von 246 Unternehmen war US Airways. (8)

Weiterführende Literatur

(1) Social Media bis Big Data
aus CIO - IT-Strategie für Manager, Meldung vom 14.03.2013

(2) Shitstorms - die kollektive Wut der Internet-User ist unberechenbar
aus GENIOS WirtschaftsWissen Nr. 07 vom 02.07.2012

(3) Auf dem Weg zum Echtzeitunternehmen
aus Die Bank, Heft 02/2013, S. 68-69

(4) Der Beginn einer Evolution
aus acquisa, Vol. 56, Heft 10/2012, S. 62-65

(5) E-Commerce trifft Soziales Netzwerk
aus Password, Heft 03/2013, S. 26

(6) Zara gewinnt dank Fast Fashion
aus Finanz und Wirtschaft vom 06.02.2013, Seite 10

(7) TriCare and Kaiser Permanente Earn Top Spots in Health Insurance Sector for Customer Experience, According to New Temkin Group Research
aus Finanz und Wirtschaft vom 06.02.2013, Seite 10

(8) Southwest Airlines and Alaska Airlines Lead Industry in Customer Experience According to New Temkin Group Research
aus Finanz und Wirtschaft vom 06.02.2013, Seite 10

Impressum

Digitales Customer Experience Management - oder die spannende Frage: Wie macht man aus Kunden Fans?

Bibliografische Information der deutschen Nationalbibliothek

Die Deutsche Nationalbibliothek verzeichnet diese Publikation in der deutschen Nationalbibliografie; detaillierte bibliografische Daten sind im Internet über http://dnb.d-nb.de abrufbar.

ISBN: 978-3-7379-0398-1

© 2015 GBI-Genios Deutsche Wirtschaftsdatenbank GmbH, Freischützstraße 96, 81927 München, www.genios.de

Alle Rechte vorbehalten. Dieses Werk ist einschließlich aller seiner Teile – z.B. Texte, Tabellen und Grafiken - urheberrechtlich geschützt. Jede Verwertung außerhalb der Grenzen des Urheberrechtsgesetzes bedarf der vorherigen Zustimmung des Verlags. Dies gilt insbesondere auch für auszugsweise Nachdrucke, fotomechanische Vervielfältigungen (Fotokopie/Mikroskopie), Übersetzungen, Auswertungen durch Datenbanken oder ähnliche Einrichtungen und die Einspeicherung und Verarbeitung in elektronischen Systemen.